ANDREW GRAHAM-YOOLL

SE HABLA SPANGLES

Ediciones Lumiere

Printed and made in Argentina
Hecho e impreso en la República Argentina

I.S.B.N.: 950-9603-21-X

Queda hecho el depósito que previene la ley 11.723.

Para el poeta Mario Trejo (1926), que le dio el título a Ediciones de la Flor.

Para Daniel Divinsky y Kuki Miler que lo publicaron.

A la memoria de Susana "Pirí" Lugones, que le gustó la idea.

Para Micaela, porque lo escribí cuando estaba ella.

Para Cynthia Mansfield, por la alegría que esto le dio.

Indice

Aclaración

Estos tres libros se publicaron entre 1972 y 1975.

Se habla Spanglés lo editó Ediciones de la Flor, en un gesto hermoso de Daniel Divinsky.

Day to Day (pág. 79) fue "Edición del autor" de 1973. De *Day to Day* se publicó *Contratango* (pág. 88) en *The Daily Telegraph magazine*, en Londres (en 1970).

Lejos del paraíso (pág. 99), que se dividía en dos partes "Hombre mi temor" (pág. 103) y "Hombre amor" (pág. 131), también fue "Edición del autor", con el colofón "se terminó de imprimir en Buenos Aires el 20 de diciembre de 1975." Luego vino el verano y el golpe de estado de marzo de 1976: "Lejos del paraíso" nunca llegó a circular. Varias de las dedicatorias individuales de aquella época son a personas que ya no están: la gran amiga Susana "Pirí" Lugones, los escritores Antonio Di Benedetto y Daniel Moyano, y los poetas Ariel Canzani D. y Francisco "Paco" Urondo, el cuentista correntino Gerardo Pisarello (a quien Fernando "Pino" Solanas le dedicara una de sus películas), murieron en distintos lugares y circunstancias desde entonces. Quedan la dedicatoria y el recuerdo.

Muchas de estas piezas son ingenuas y fácilmente pueden ser cuestionadas como poesía. Son producciones que, más de dos décadas después, reflejan un tiempo y un ánimo; una forma de amistad, esperanzas truncas, realidades íntimas, y éxitos compartidos. Fueron una forma de ver al mundo, pertenecen a otra época y en nada se los ha cambiado.

Agradezco a Daniel de Anchorena su coraje al decidir esta reedición. Para la vanidad del escritor es muy lindo.

* * *

Este argentino, hijo de ingleses, realmente bilingüe, expresa con humor y poesía su enfoque bífido de la realidad. La mezcla rara del "slang" y el lunfardo en poemas simples y fuertes, configura un delirante enigma para investigadores del idioma y un inenarrable placer para calmos lectores. Un caso auténticamente puro de poesía ingenua.
(Contratapa de Se habla Spanglés, Ediciones de la Flor, 1972)

* * *

Comentarios

"Español e inglés se mezclan de una manera natural (y no literaria, como lo han hecho otros poetas que siguieron los ejemplos de Eliot y Pound). Quien domina a la perfección dos idiomas puede emplearlos naturalmente sin que se rechacen."
LA NACIÓN, domingo 25 de marzo de 1973.

* * *

"Poesía auténticamente *pop*... El libro posee esa atmósfera franca y clara, esa gracia sin complicaciones y de efecto inmediato que ha hecho decir a Norman Mailer, refiriéndose a las frases escritas en las puertas de los baños, que ésa era la mejor y más fuerte literatura norteamericana." Revista *RAÍCES*. Abril de 1973.

* * *

"El fenómeno lingüístico del *spanglish*, que participa del español y del inglés, resultado del intercambio entre grupos que hablan las referidas lenguas, ha recibido hace poco la atención académica de universidades neoyorquinas... El incisivo modo literario del autor, que se da en una versificación en verdad "simple y fuerte", contiene observaciones cotidianas que, apartándose de lo "poético", lo acercan al epigrama que remata en moraleja." Miguel Eduardo Dolan, Revista *CRITERIO*, 12 de julio de 1973.

* * *

"Right off it should be made clear that this book has nothing to do with that popular abomination commonly known as Spanglish. So teachers (and parents) can relax... In this slim volume of verse, though English and Spanish are often mingled, it is never in a haphazard fashion." Donald Mackilligan, Revista *THE ENGLISH LANGUAGE JOURNAL*, Vol. 4 N° 3, 1973.

* * *

"¿Es el spanglés un idioma?... la ristra de términos ingleses incorporados al habla corriente de los argentinos es poco menos que alarmante." Revista *PANORAMA*, 4 de octubre de 1973.

— — — — —

Algunas piezas de *Se habla Spanglés* se exhibieron en una exposición de poesía con ilustraciones de Mara Marini y Maritxú

Lafert en la Galería Gradiva, Buenos Aires, con presentación de Miguel Brascó, el 10 de setiembre de 1974.

Agradezco a la Señora Rosa Amuchástegui el ordenamiento y el tipiado de esta nueva edición.

Primera parte

Se habla Spanglés

INTRODUCCIÓN

"On ne parle pas francais
"English spoken
"Man spricht nicht Deutsch
"Se habla Spanglés
Es un letrero que aún no
pude encontrar

Agosto 1968 - Enero 1970

"CURRICULUM VITAE"

Fuentes allegadas....
informaron
que A. G-Y
nació,
es decir,
una mujer lo parió.
Las mismas fuentes
manifestaron
que luego pasaron
cinco años inocentes
muy poco
inteligentes.
Pero un portavoz oficioso
anunció
que G-Y
a los seis consiguió
entrar
a una escuela
particular.
Esto hasta los once duró.
Más tarde ingresó
a una escuela
que, con tono despectivo,
se llama "del estado",
porque falta
el ambiente privado.
A los trece se inscribió

en una escuela industrial *
donde, con ocho previas,
abandonó.
En fuentes dignas
trascendió
que a trabajar
entonces se dedicó.
Diecisiete empleos probó
pero en ninguno se quedó.
Luego vino el trance
de todo romance,
seguido por enamoramiento
y, naturalmente,
casamiento.
A su mujer embarazó
con resultado positivo,
ya que una hija nació...
Luego nació un hijo.
Hasta aquí
G-Y llegó.
Momentos antes del cierre
aún se aguardaba
la confirmación oficial
de este trascendido.

* La Plata / San Isidro.

SHARE LAUGHTER / COMPARTIR RISA

The laughter of Spring
la música de verano
The Autumn mornings
y las noches de invierno,
I want to share them all
With you,
con hombres y mujeres,
With a head,
A voice,
un cuerpo
y la risa.
I know I have them to share
por eso, quedate aquí;
Do not tell a lie
Because even if you try
ya lo sabré.
Why not write happy
sin nada que decir,
Why write sadness
de aquellos
y demás.
They are people
Whom we never must forget;
para qué decir tristezas,
a nadie harán feliz
Why not just go laughing
por el mundo ahora mismo,
Men will never expect it
and will think you mad.

ODIO / HATRED

Como perro y gato
Is a symbol of hatred,
pero esos animales
han entablado
una amistad;
Without peace talks
o amenazas.
Just a sniff and a lick
y aquello quedó sellado.
People
Have always been
más representativos
del odio.
That is why the dog
and the cat
dejaron de putearse
en el parque
and decided there was
Enough hate
en el mundo.
People will say
they hate nobody.
"No odio a nadie,
aunque me odie a mí."
People do not hate anybody
excepto
"Que jamás he tolerado."
There is also that man

"Que es odioso."
And, of course,
estaba aquel camorrero
He said something,
I cannot remember what.
Pero sé que estuvo justificado
pegarle
un tiro.
Now his brother
cree que debe
jurar venganza
When I only
Defend myself.
Ese maldito francotirador
a quien no quise herir...
He is mad. I hate him,
Well, no,
creo que él me odia a mí.
Yo soy un hombre
pacífico.
I saw the papers today
y ni tuve que leer
el odio entre líneas.
It was there
In the headlines.
Nunca ha sido
vergüenza odiar...
al enemigo, naturalmente.
I meant to ask
Just this:
Have you ever said
"no odio a nadie,
lo juro por Dios."
Liar.

LIBERTAD / LIBERTY

Why should I
Call for you
si ya te has ido
To a sea of filth,
To drown,
dejando en la orilla
a los que no pudiste
enfrentar:
hombres
que te abandonaron
To a fate
You never deserved.
Tu nombre es Libertad,
sin pureza
de antaño desflorada.
Pimps screamed your name
Yet never gasped
for your body.
Húndete ya
que todos te han olvidado,
Your efforts to swim
They no longer respect.
Muere ya,
que moribunda
durante siglos
has estado.
Sink, bitch goddess,

They rejected your love.
Ya no te alcanzarán
un cabo,
creen no necesitarte.
Your man Knowledge
Was forgotten
en algún oscuro
calabozo.
Can you remember him?
Fue el Libro quemado,
su palabra escrita
perdida en las llamas,
It was like stripping
Naked,
el cuerpo del Saber,
can you remember
His name?

MADE IN...

Es mejor,
naturalmente:
lo importado
they can make it better;
We have never bothered,
Of course;
Foreign is best.
Es otra mentalidad,
aquí sólo importa
el vino;
unos vagos.
They think more,
Those Europeans.
Much better,
of course.
Trabajan más;
nosotros
lo podríamos hacer
pero aquí
Nobody wants
To work.
Qué fabricación
la extranjera,
dura toda
la vida;
My father used it
My grandad too.

Tanto mejor
lo importado,
que ya no se consigue.
Si fuésemos
colonia europea
viera usted
cómo trabajaríamos.
No,
thank you very much.

YO RECUERDO / I REMEMBER

I remember
The day we buried her,
la bajamos del carro
Her body bursting,
Out of five planks
Tied with wire.
Su carne podrida
rebalsaba las juntas
y el olor putrefacto
de la carne rota
ahogaba.
She had lain on the cart
Pulled by two mules,
Five days.
Como en vida, jamás
hubo palabra suave
para ella.
So in death
Pallbearers
were absent.
Cubrimos nuestras
caras
con telas
perfumadas
To ignore her.
No tenía madre
para llorarla

Or father to mourn her.
A la fosa la tiramos
y pusimos
rocas sobre sus pies
and a cross at her head
which read:
"Aquí descansa la Paz,
muerta a balazos."
God, her family
and friends,
ya la han abandonado,
nadie nunca la quiso,
pero
seguirán hablando
de ella, emitiendo
loas a su memoria,
But that will
Only be
When introducing War.
Even in life
Nobody needed her.
Invocar su nombre
fue lujo
de los ignorantes:
They will never know
What they have lost.

*VISITA A VINICIUS DE MORAES **

Grandote,
With a heavy drinker's belly
tenés la cara llena de risa
And a pen full of love;
culto, pinta de bruto,
is it offence to say I love you
porque hombres más pequeños
Have made the words sound queer;
tus versos son música
For many hearts to sing.

* Vinicius de Moraes, poeta (1913-1980).

CAMBIO

Sé que ha llegado
el momento
de dar nuevo rumbo
a todo lo pensado.
Sé también
que todo lo dicho
ha quedado
atrás
sin valor sostenido.
Sé que todos
los hombres
utilizan la lengua
para el canto de guerra.
Sé que paz
es palabra tan corta
que sólo los soldados
la siguen usando.
Sé que el amor
es vapor,
que ya nada
expresa
un sentimiento,
excepto, quizás,
el llanto
el grito
la risa
que están prohibidos.

Sé que el sol
ya no quema,
que la luna
ya no inspira;
sé que todo
ha cambiado.
Sé que la unión
ya no hace
la fuerza;
sé que nadie
puede decirme
por qué.
Sé que el fin
aún no ha llegado;
sé que la fe
tampoco.
Sé que el pasado
no dejó
impulso,
que perdió
su significado
y su camino.
Sé que todos ríen del cambio;
sé que así
quedarán atragantados.
Sé que debo
irme
para buscar
nueva ruta.
Sé que volveré
sin
haberla encontrado.

BÚSQUEDA

No busco
la forma,
ni lo bello,
ni lo horrible;
busco la palabra
para decir
que amo.
No describo el mar,
ni el campo,
ni una bandera.
Pero aun tampoco
describo
lo que siento.
No leo las frases
que todos han usado,
no necesito el poder
del político,
tampoco lo persigo
porque me parece
muerto.
No busco
lo que todos han encontrado:
el auto rojo
por un sueldo reñido.
No busco el fin
de la vida
que los escritores

dicen contiene todas las respuestas.
No busco las calles vacías,
necesito la luz,
la gente y su risa.
No busco el trabajo
que me rompa la espalda:
no es lo que llevará a un nuevo camino.
Qué es lo que busco
en esta jungla;
busco tu cuello
blanco,
limpio de humo
sin chapas ni ornamentos.
Busco el fin
de las lágrimas
que trazan zanjones
en mis mejillas.
Quiero encontrarte
más allá de las turbas
que ahorcan;
y me hacen olvidar
lo que busco.

POESÍA ANGOSTA

Esta
es una
poesía
angosta.
Refleja
ahora
lo poco
que
pienso.
Eso
quiere
decir
que tengo
una mente
estrecha.
Yo sé
que todos
los hombres,
mujeres,
niños,
ancianos,
pobres,
ricos,
políticos
y abogados
pueden
en muchos

momentos
de sus
vidas escribir
una poesía
flaca
como
ésta.

CANTO

Hoy me levanté
feliz
y con ganas
de cantar,
éste es un
canto
si se sabe
interpretar.

IGNORANCIA

Yo sé que en África
las mujeres
muestran las tetas,
son salvajes,
ya sé.
Tengo una revista
ilustrada
con tapa que muestra
mujer negra
casi desnuda;
la escondo
en el tren
con el diario
que dice:
"A una nave
hundióse con fuego pesado."
Me da menos
vergüenza,
y es más respetado,
verdad.
Mi tía y hermana
son civilizadas
por eso no he visto
sus tetas aún.
Qué alivio me da:
soy culto también
es mucho mejor,
creo yo.

TRISTEZA

No pudimos hablar
porque no
encontramos palabras.
Llegó Tristeza
para invadir el vacío,
que el vino
y la sobremesa
ya no pudieron
llenar.
No quiero estar triste
contigo;
no quiero el silencio
con vos;
no hay necesidad
de largas esperas
si las palabras
brotaran
triunfales
para hundir lo que no es felicidad.
Todavía no dijiste
qué haremos
cuando llegue
el momento de partir.
Nos separaremos
sintiendo Tristeza
sin saberla rendir.
Quedará para siempre

atrás
lo que pudo ser
un rato feliz.
Rápido decí algo,
ya no importa qué.
Pero rápido dilo
así podré ver
a Sonrisa,
que ya casi
se fue.

SÓLO LIBRE

No canto
himnos a soldados
desconocidos,
ni a las cenizas
de griegos,
ni a banderas
de trapo.
No escribo letanías
para dictaduras,
no protesto la guerra
ni busco una paz
que no existe.
No tengo sonetos
rellenos de flores.
No escribo para césares,
pensadores ni partidos,
no quiero encontrar
el santo político,
no sigo las sendas
de hombres imbéciles.
No alabo a las masas
ni a los distintos
profetas,
que las quieren ganar.
No encumbro al amor
como único medio
de unión.

Pido la libertad
que sé me merezco.
La necesito tan sólo
para el resto
de mi vida;
y después
nada más.

AL MARGEN

la maestra siempre
me dijo
que escribiese
al margen
de la hoja
así lo hice
pero ella
no pareció satisfecha
es por ser ambidextro
preguntó ella
usa igualmente
la diestra o la siniestra
soy siniestro
dije yo
pero prefiero
de ambas márgenes
la derecha
porque he sido informado
que la izquierda
es subversiva
toda mi vida
la he pasado
al margen
de la hoja
y también
de muchas cosas

SUEÑO

El sueño
de pasión
de un hombre joven
es encontrar
a una mujer
en un pasillo,
con muy poca
ropa
y aun menos
ganas de escapar.

DOMINGO

Hoy salimos a caminar,
Micaela y yo,
un paseo dominguero
a tomar el té.
Por Libertador
y en su alrededor
la gente pasea en domingo
o anda en auto
a gran velocidad.
Son las últimas horas libres:
el lunes vuelven a trabajar.
La gran columna enfila
hacia la avenida
a comer "hamburgers"
"waffles" o "ice cream"
en los boliches
donde todo el año
es carnaval;
y hasta el mate cocido
ha dejado de ser nacional.
Donde el público
dice: "OK" y "yes"
y el menú es
pasaporte a otra ciudad.
Hay mesas en la vereda
llenas de gente
familias y parejas
bancarios, ejecutivos,

"teenagers" y otarios,
todos tan juntitos
que el país parece contrario
a que se le pregunte:
¿Será esto la libertad?
El mozo recibe pedidos
en lunfa y cocoliche
es el dueño del boliche
y hasta a los gringos sabe escuchar.
Unos toman "Coca"
otros encargan Chesterfield,
es verano y hace calor
pero se escucha por ahí una palabra
que puede ser de amor,
ya oída en el cine
o leída en revista
semanal.
Hablan de la píldora
sin saber si es aspirina,
es toda una rutina
entre tanta virginidad.
Muchas familias mastican
en silencio,
ya no tienen
de qué hablar
y entonces es más fácil
ponerse a mirar
a cualquier tipo que pasa
con su vida en una taza
de té con leche
al enfriar.
A este andar
se le llama
derecho inalienable
y libertad individual.

AMOR PEQUEÑO

Tiene un año
mi hija Inés;
la he visto saludar a Xavier
que tiene cumplidos tres.
Por la ventana de su pieza invita
al niño que desde su
cocina la imita...
Es un amor infantil
ya lo sé,
y con tal demostración
con mezclas de manzana,
cuna y puré.
Qué será de un amor
tan pequeño; algún día
conocerán el sudor
con gotas de sangre
y llanto de la amada
olor a viento
y canción de alborada.
Habrá hijos
y cocina
y nietos
con gomina.
Qué será de un amor
tan pequeño.
Habrá desilusión
o al caer la tarde

habrá dos síncopes
en vidas ya precarias
para que no quede uno
en vigilia solitaria.

EN CASA / AT HOME

Hoy no crucé ninguna calle
I stayed at home
And read a book.
Me quedaré en casa
también mañana,
To make love
On a working day.
Y así habrá embarazo
Not like a film-filled dress
pero con algo real
Beneath the drapes
To make men laugh
And women happy.
Llueve afuera
pero no adentro,
In here it is warm
para mucho amor.
I shall stay at home
también mañana
a mirar correr un río,
To know of places
Where love should grow;
es que todo el mundo
guarda un rincón privado

CANTO A UN LUGAR PRIVADO

Me senté
en el inodoro
a leer
las inscripciones,
jeroglíficos
y traducciones;
gran literatura
de las legiones.
"En este lugar sagrado" *
donde me he encerrado
pese al continuo uso,
y también al abuso,
por escritores descompuestos,
es aún lugar honesto,
porque con sólo gritar "Ocupado"
sigue siendo un reino privado.

* Poli Delano (chileno, n. 1936): "En este lugar sagrado" (novela, 1974).

ACLARANDO

El hombre se acercó,
con fines inconfesables,
a la mujer de vida alegre,
mujer de mala vida,
que ejercía una triste profesión
y la sometió a malos tratos.
Eso, hijo mío,
según los vespertinos,
significa que aquel hombre
con gran calentura
y con esa mujer
se mandó flor de encamada,
pero la desgraciada
no lo quiso callar.

MUNDO AMOR

Quiero que duermas
no despiertes ahora,
he llegado tarde
para hacer el amor.
Mañana, enseguida que
suba el sol,
quedarás embarazada
cuando volvamos
a tocar.
No ves que ahora pido
que duermas muy profundo,
conserva tus fuerzas
para mucho amor.
Acostado a tu lado
con una mano
en tu pierna,
tendré
en la yema de
los dedos
piel dulce
para corresponder.
Duerme ahora,
no voy a retirarme,
ya no hay
lugar entre nosotros
sin nombre de querer.
Sé que voy a hundirme

en el codo
de tu amor,
lanzando fuego
en tu entraña,
recibiendo respuesta
en llamas,
sin sentir el sudor.
Luego te irás
a trabajar con otros,
quedará en tu pensamiento
una mañana en flor;
quizá quede en tu mente
el espejo de mi desnudo,
quizá quede en tus ojos
el calor del sol.
Al atardecer nos juntaremos
para ir a caminar,
y jamás será la mañana
cosa de olvidar.

AMOR / LOVE

I love, I know, I do;
y sé también que soy feliz,
Even if people say I look sad,
Because my eyes and mouth curl down.
Hay muchas veces
en que odio,
I want to kill
And Injure,
quiero mentir,
calumniar,
But I know all this
Is not wrong:
Es una parte
de mi amor,
Part of my happiness
Which I do not understand;
y nadie me lo explica
porque ignora
su existencia.
The scream of anger
Imprisons,
pero el grito de alegría
libera.
Si yo quiero gritar
desde un balcón:
"Quiero cojer,
que suba una puta."

Nobody will believe it is love;
abajo, en la calle,
se formará un pelotón
que me fusilará por obsceno;
And all bloodied
I will fall from my perch.
Is this the reward for love?
¿Es éste el final
de la felicidad?
Where will I wander to
If you should leave me?
¿Qué harás vos sin amor?
Then our shouts of love
Will be no more than a murmur.
La oscuridad
quedará entre nosotros;
And we will shout
Alone, we will have lost
Our happiness;
Now there is only emptiness.
Quisiera saber quién soy,
Then if I say "I love",
You will be sure where it
Comes from.
¿Conocés la oscuridad?
Can you feel your way through it?
Sé que el amor
puede ser guía,
pero todos olvidan contratarlo
mientras dura la luz.
El amor se publicita,
en revistas,
cines,
teatros

y carteles.
Through them I know
That love is an electric shaver,
It might also be a cake,
Or a silk tie.
También algunas veces
es una mujer semi-desnuda
con labios de hielo
y pechos de acero.
It has never been yet
A woman, who opens her arms
and her legs,
Who smiles "Come"
To a greedy world
que no comprende el odio.
God, if love should stop,
Burn the world.

SOLEDAD / LONELINESS

If I should ever feel lonely
Because you have gone,
caminaré por las calles
mirando vidrieras vacías
y estudiando la anatomía
de un bidet.
Why should anybody
be lonely?
Si en todos lados
hay tanta gente,
animales,
bestias
y plantas.
Maybe loneliness
Comes from being
Too selective,
en la asociación.
Los que saben escribir,
los poetas y los césares,
Say that loneliness is like the night,
That is probably because
They have slept through every
night of their lives.
La Noche
no es soledad,
solamente es oscura.
Escuchá silbar una nota

a las tres de la mañana,
Just look at the couples
Flat against the walls.
Mírame a mí,
camino pensando
que la mejor lectura
cuando estoy
sentado en el inodoro,
es una revista mejicana.
What is loneliness then?
Why do I talk about it
If I do not know its meaning?
El fin de la soledad puede ser:
la compañía,
un almuerzo,
una mujer,
el trabajo,
o un gato negro
que cruza la calle
de izquierda a derecha.
Why should anybody care
If I am lonely.
¿Por qué debo pensar yo
en personas tristes
y solitarias?
If everybody thought
of others' loneliness,
Maybe it would stop,
entonces nadie conocería
la soledad,
or privacy.
Where must I go
If I am lonely?
¿A quién debo encontrar

para salir de la soledad?
Maybe it is you who should then
come back,
because we never knew loneliness
cuando estábamos juntos.

EL TREN / THE TRAIN

El tren me da miedo
When it comes rumbling
Into the station.
Barrumm.
Sus ruedas negras
no perdonan,
I am afraid of its
Big black wheels.
Me paro en la barrera
o en la plataforma;
And I am tempted
To dive under.
Sólo quedaría
picadillo,
Minced bones,
bowels and brains.
No sé por qué,
But I am fascinated
por esas ruedas
que sé me destuirán.
The guard does not come
para picar los boletos
Which are marked for heaven.
The guard sings
"Glory, glory, Hallelujah,
What a hell of a way to die."
El lustrabotas también canta

y los chicos venden caramelos,
"a solamente diez pesos".
No sé si tendré alguna vez
el coraje de ir al encuentro
de esas ruedas.
It is not a courage I want.
Pero es como un garfio que me tira
hacia las vías,
cuando vienen las ruedas
negras y grandes.
Why must I die
Under a train?
No sé,
no lo quiero así.
Maybe I will live
If I listen to music.
Antes de irme
a verlo a Dios,
que tiene su puesto
en la feria de Retiro,
I will fill
A five hundred-page book
With the words, "I love you".
I know everybody will want
To read it.
Por eso, todavía
no voy a morir
bajo el tren,
así lo he decidido.
Because I have to fill
That book
Before I say farewell.
Pero al caminar solo,
Along any street,

oigo el tren
In the distance;
And I tremble
pensando que quizás
algún día
me acercaré a sus ruedas;
And that will be the end:
Of me,
Of my love,
de mi libro
que debe tener quinientas páginas.
El fin:
de Dios,
My life
And this story
In two languages.

ENCUENTRO / ENCOUNTER

I thought I'd write today
que significa:
hoy pensé escribir,
Which is a subversive thought,
pero hay tanto amor que debo expresar.
So I'll say it
en dos lenguas
So nobody will understand,
igual que el amor, que nadie entiende.
I'm all alone now, because my wife has left me,
es lástima que sea alcohólica mi mujer,
le dije a la vecina,
In what was only a whisper.
I wish the Beatles
Would send me a record,
con autógrafos
que crucen el surco.
I feel alive like U Thant
pero muerto como Guevara,
I don't know what is in the air,
estos hombres no son política,
pero todos
Mention them, so I must too.
It looks great at parties
To know these names.
¿Lo sabías?

Try to see it is
All inside us,
todo es de otro
que nos invade.
We are idiots who submit
a los pensamientos de otros,
We are told to repeat them
And fools,
lo hacemos.
Esto todo es incomprensible,
It must be subversive, therefore
Sólo sé una cosa de esto,
It is missing my love for you,
porque no te he visto
And you are so far away I may lose you;
por eso
This mad poem lacks love.
Come home,
del bar
Or the police,
o el psicoanalista
Where you have had this studied
para descubrir si soy loco
And get a divorce.
I know it sounds mad,
pero tengo frío.
I am not dead, just loveless.
Si vuelves te daré algo
I won't tell you what,
es como un juego,
But I won't tell you which.
There is always sad news,
que debo decirte.
Nobody came to wash the dishes

Or the baby clothes.
Yo lavo los pañales
si prometés volver para lavar
los platos.
I thought I'd cook something lovely,
aún no sé qué,
The cook book is a blur
alguien arrancó las hojas.
Doña Petrona no sonríe
She's got hiccups instead.
There's no sex in a recipe
I'd much rather have bed,
pero si un agente extranjero
estudia esto,
He might say, "you better go".
I don't know why I wrote this,
It's not within me you know.
Tengo más adentro
que no sé escribir;
y no aprendí a leer con Upa,
So I might call a medium
o mejor serían los bomberos;
aún no sé para qué.
Así que me voy a trabajar,
conseguí un puesto, sabés,
It consists of blowing
At the cracks between tiles
On the pavements,
porque ahí no llega la escoba
del barrendero.

OPINIÓN

Los yanquis
son
chiflados,
los chinos
demasiados,
lor rusos aburguesados
campesinos
en el poder;
qué joder.

MERCADO DE VALORES

Sabía usted que en aquella
quincena de mayo
diez mil niños nacieron
y a los pocos días, nació mi hijo Luis.
No es pregunta de Ripley,
pero, sabía usted
que en ese mismo lapso
murieron veintiuno a balazos
y el Mercado de Valores
"Reaccionó desde su apertura..."
Para qué hablar de la violencia
si ya otros lo harán,
para qué escribir de gobiernos
que señalan a extremistas
esos abstractos terroristas
acusados siempre que tambalea el poder.
En el Mercado de Valores
"Continúa el alza de precios"
y hubo "Ligera reacción"
en los "cierres de fondos".
A Luis lo vi nacer,
yo sentado en la sala de parto,
pero a otro le tuvo que tocar
ninguno lo iba a ayudar,
excepto con ruido de discursos.
"Nadie quiso incendiar Córdoba",
o, también, "Represión de la dictadura",

mientras a escondidas rogaban
que todo quedara igual:
Pensando, si hay nueva vida
que mueran otros por ella,
después sí, a participar del convite porque
nunca existió idealista
que no invite.
Como cambio no hubo
contentos quedaron todos,
fue mejor ser un gallina parado
y no héroe tirado.
A la semana nació mi hijo Luis,
vino rápido y ahora está
aquí conmigo;
qué le voy a contar.
El Mercado de Valores
"cerró con tónica positiva".

BORRADOR PARA UNA VÍCTIMA
DE LA CENSURA
Para ser publicado en la columna
"Cartas de los Lectores"
(Para Alfredo Grassi)

Estimado señor director:
no escribo con rencor
escribo de mala gana
porque me parece
una macana
(pero es también
necesario)
hoy, al salir
del boticario,
he sido informado
que mi libro
fue confiscado.

CONSECUENCIA DEL GRITO

Yo grito
tú gritas
gritamos en el silencio
y luego en el desorden
en la conmoción
Ellos gritan
y en la calle nace
un bochinche que se hace
toda una demostración
Después viene la policía

FELICIDADES

feliz cumpleaños
felices pascuas
feliz año nuevo
feliz navidad
para ustedes
señores presidentes
(pasados y presentes)
diplomáticos
(y catedráticos)
dignatarios
(estrafalarios)
economistas
(bromistas)
expertos
(mamertos)
y demás
hombres de mundo
(todos meditabundos)
qué harán en este
año que comienza
qué es
lo que piensan
en cada día
y sus atardeceres
para los pueblos
los hombres
sus hijos

y sus mujeres
bajate del palco, hijo,
¿no viste que todos usan
aparatos para sordos?
los tenían
desconectados

QUIERO CONSTRUIR ALGO

Quiero construir
una mole
que tape todos
los caminos,
que sea arteria
para cualquier caminante,
que sea techo
para cada habitante,
que pueda
contribuir a la vida
de los
que la visiten...

CARTA AL COMISARIO
(de un detenido
a disposición del poder ejecutivo
durante el estado de sitio)

No simpatizo con
las izquierdas
porque no creo
que tanto tiempo en habladurías
sea necesario que se pierda;
no simpatizo con la derecha
que jamás
ha sido mecha,
y el centro
es para acomodados
antes de correrse
para alguno de los costados.
Lo que pido a esta comisaría
es que se dé cuenta
algún día
que no todos
merecen encierro,
y hago la aclaración
porque hay muchos
hombres simples a los que arrastra
la manifestación
por hambre, angustia
y desesperación.

Hay seres con decisión
que lo juegan todo a cara o ceca,
libertad o bala,
porque ésa es su convicción.
Pero ésos no me ocupan
porque al margen
de centros, izquierdas y derechas
los que nunca entran
en la brecha
(a esta comisaría tampoco
ya que a este tema toco)
y más encarajinan el ambiente
son aquéllos que en fin de semana
se van a la estancia,
al yate o la casa quinta
para "hablar política"
como si estuvieran en lo caliente.
Conversan de capitalistas,
también de proletarios; son extremistas
para descansar del trajín
en industrias y sociedades mixtas.
Ahora, al decirle buenas noches,
señor comisario,
pido que me libere mañana
porque quedarme aquí
no me da ninguna gana.
Ay, mama,
qué dura está la cama.

ÉPICA

América:
fuiste mal parida
por damas españolas,
patricias
y caficias
de las comisiones.
Ahora hay patria joven,
con gran deformación
que quedó de la parición.

EL RETORNO

(Para Rodolfo Sorondo)

Volvió Rodolfo,
eso da alegría
pero no creo que
nadie más que él sonría;
porque nadie más
se ha ido.
Nada ha cambiado
bajó del tren en Retiro
cuando hacían la limpieza
con agua y viruta
que parece
escupida de quien
mastica tabaco.
Alguien gritó:
"Volvió Rodolfo,
Viva Rodolfo";
otra vez tenemos
donde ir a comer.

INVITACIÓN

Desde estas costas le dijeron
a mi padre que viniera,
que todo su dinero
trajera
y lo invirtiera acá.
Pero ya en el entierro,
sólo un grupo apareció
porque hasta el último mango
en la superficie
el viejo dejó.
Fue la historia contada
por un gran número
que aquí llegaba:
ni para el pasaje
de vuelta
el ahorro dejaba.
Soy hijo de inmigrante;
aquél que vino
con sonante
al que prometieron
La América
para conquistar
Pero eso
ya pasó

MARCHA ESCOLAR

Es muy celosa
la esposa
del señor don general,
porque él le manda
rosas
a la esposa del coronel.
Está celosa
la esposa de ese coronel,
porque a la mujer
del capitán
el le mandó un clavel.
Está celosa
también la esposa
de aquel capitán,
porque él ha sido visto
con la señora del mayor...
y eso es peor.
Está celosa
la esposa
de ese buen mayor,
porque él anda caliente
con la dama del teniente.
Está celosa
la esposa
del audaz teniente,
porque su amo
está contento

con la esposa del sargento.
Es muy celosa
la esposa
del gentil sargento,
porque con la mujer del cabo
él juega a la canasta
y a los dados.
Está celosa
la esposa
de ese recto cabo,
porque él está adscripto
a la novia del conscripto.
El general está preocupado
porque en el cuartel
se ha hablado:
su señora esposa
recibió una rosa
de un solddo raso.
Y así la fuerza armada
llegó a ser
la encargada
de guardar la moral...
es fatal.

LAS COSAS EN SPANGLÉS

Con un poco
of the castellano
y otro tanto del
speak in English,
se obtienen cosas en
spanglés.
Aunque la academia
no lo aprecie,
esto no es bastardo y se usa;
es puro por cruza:
la comunidad lo produjo
aunque el americano lo introdujo
mediante cursos
de empresarios
y becas para operarios.
El spanglés
has the great advantage
de ser una contribución
towards overcoming great barriers
y ayudar a los analistas
a establecer la incomunicación.

Segunda parte

Day to Day

HEAR THE CRY

A child cried, in the queue for a bus
In front of Retiro railway station;
I heard her cry on that bus
Thought of her situation.

* * *

I watch her tiny hands rub tearful eyes
See the mother jog her for the sake of peace;
The driver looks, impatient, in the mirror.
His passengers frown at the noise, seeking release.
I hear the poor infant cry,
Under her dress is a swollen body
Her small nose wrinkles, her mouth opens wide;
She bawls or bites her coat, dull and shoddy.
Her home is where the cobbled road crosses the tracks,
Behind Retiro, back of the airport, near the river;
The slum, the worst in town,
The Indian shanty, the sight of which makes white men shiver.
What is that girl? Which was her once free tribe?
Toba or Churupí, Araucano or Mocobí?
Now she goes to the slum where she was born,
A crowded hovel, marked by syphilis and t.b.
I hear the little girl cry, bawl for something
Yet the world will give her nothing: no food, no school, no sport.
She is a poor Indian girl,
her life doomed to be short.

* * *

I heard the child cry, on her mother's shoulder,
Long after they got off, near the river, at low tide;
Watched the faces of relief
When the noise at last did subside.
Scream, bawl, shout, child
Don't ever let a chance go by
To make people glance at you
Before they let you die.

Acassuso, 29 February 1969

SCREAM

I scream
For the love I have
For the one I lost
For the love I'll always want
Scream
For the heart
For the body
For the night
For the darkness
In the sweat that runs at the end

Acassuso, 29 March 1969

SUMMER NIGHT IN A BUENOS AIRES SUBURB

Very naked lie
On a hot sheet,
A train to the islands terminal
Rattles by,
A jet overflies,
A mosquito whines,
A fan cools the body
The crumpled sheets dry.
Smell the smoke
Of an insecticide burner,
Know that it kills the night's perfume;
Feel a wife alongside,
Know a child sleeps nearby.
Be aware of a starry sky,
A storm may be nigh.
Awake
Ask many things,
Question "Why?"
Learn that not even dawn
Will bring a reply.

Acassuso, 29 March 1969

UNFORGOTTEN

Everywhere I find the city's lonely child,
Sleepless on a doorstep, closed eyes protecting small dreams
Shutting out nightmares of cold damp pavements
And blind buldings with rotting beams.

I remember my father, try to forget him
By recalling better days.
I hate him for the humiliation,
When I besought him at the bar, to find other ways.
I shiver and feel it is part of that past right now:
Dragged him through unlit streets, heard him mutter,
Pleaded with people not to stare
But help me carry him, when he rolled in the gutter.
Trembling, saw him fall in to the empty bath,
Watched him come up with a bloody face.
People say, do not think of your dead father that way;
Just dream of him in another place.

(In memory of Douglas Noel
Graham-Yooll, d. 13-3-63)

Acassuso, 13 July 1969

DAY TO DAY

In the street today
I met lots of people
Who lectured away
On what they had read last night:
Late edition murders that mystery men write.
I don't need to read
Just hear what others are saying,
Praying?
They say life starts anew every day,
Though it's only a second
Dawn helps dreams stay. They
Make love in the dark
Wordless and stark,
While thoughts hover above,
Praying?
It'll be different tomorrow
A new world from the papers they'll borrow,
But they'll shout
That it doesn't work out,
Because everyone else is playing.
Praying.

Acassuso, 22 July 1969

WHAT IS FREEDOM?

Is it riot and rampage,
Or being undisturbed,
To make money and merry
Day after day?
Is freedom a family, a home and a car?
Is it lewdness or purity;
Poverty no more,
Press ruled by party or journalistic fantasy?
Is it law? Is it order, war, industry or trade?
Is freedom love? Is it science or fiction;
Or an advertisement with a cute design?

Acassuso, 3 December 1969

CONTRATANGO

Do you remember, Micaela, When the tourists flew in
and called us underdeveloped;
with knitted brows told of their concern,
said our wine was like heaven
but our politics were hell
and the natives weren't friendly or grateful.

> Our Father which art in Washington,
> Hallowed be thy aid;

It was then that we read about their new campaign
to stop children taking drugs,
black air and students acting like thugs;
we were guests of a full-page advert in May
that laid claim to our miserable earnings:
"This year, visit the U.S.A."

> Thy Marines come;
> Thy will be done; in earth as it is in business.

Do you remember, Micaela, the sound of movie cameras
and the miles of film that whirred by,
when the train stopped at Yala on the way to La Quiaca;
it was all for "the folks back home,"
one hundred slides of a tiny Coya,
crouched over a plate on the platform.

Give us this day our daily development.
And forgive us our protests,

We hope we'll see a coup, one said,
each night for ten days, before he went to bed;
they would like to see another soldier's game
while their cities are aflame,
and Carolyn, aged 14, or Tom, now 16, somewhere in New York
are hooked on heroin for the rest of their short useless lives.

As we forgive them that invest against us.
And lead us not into colonialisation:

They chant about democracy's free speech,
and make the press sound like a national masochist preach.
Do you remember, Micaela, when Santiago made up a quote
and I sent a cable the Washington Post published,
criticizing their moonshot miracles
and their losing war against peasants.

But deliver us from extremism.
For thine is the World Bank;

They said our public toilets stink,
our trains are unclean and the fashions uncertain;
their women wore big slacks in all shades of pink
that wobbled indecently
in our small catholic towns;
they said underdevelopment kept us down.

The power and the story,
Forever and never. Amen.

Acassuso, July 1970

SOMETHING TO SAY

Gunsmiths are artisans whose big brothers
Smoke cigars and talk of peace,
For something to say;
Their children march against war
To pass the time of day.
I need a dream, to cushion my nightmare,
But somebody has stopped the supply:
This is my desire for damnation
Of all who peddle other men's lives.

Yet, what good is my protest
In a corporation
That absorbs any complaint
And calls it recreation.

Acassuso, August 1970

THE EMIGRANT

They've sung songs to the immigrant in every young country,
Think of those who leave,
With only the fare;
Dispensable, unskilled men and women,
Who will not make a mark on the brain drain records.
Unsung, unknown,
Unheard of, unless they make a million.

Acassuso, October 1970

BREATHE

Have you heard of a time
Our grandparents called "Evening"?
They spoke of setting sun,
When light filtered through trees,
And a day was not 24 hours of uniform grey.
Black air filled with rot, damp or dry, who knows!
It kills slowly, so horribly;
Have you seen the picture of the cow in the mud?
Its hide caked, hardly breathing, not chewing the cud;
Head down, to smell the good earth, which is there no more.

Have you seen the man turned blue? Choking.
Enveloped in a whirl of dirt, his knees bent,
His shoulders drooping, his hands reaching
For this air
His brothers now manufacture.

Acassuso, October 1970

DOUBT

Middle-agers call out to their children:
Don't go with those crowds to wide open fields
Where girls bare their backsides
And have no fear of the men,
Who are spent in one watery ejaculation.
Songs of freedom and peace are sung
In the name of Liberation,
And white clouds of smoke float on the breeze,
For the sake of Revolution;
Peddled by the big city publishing office.

Left and Right are called in such rapid succession
You look both ways, seeking Christ ahead of a procession.
You hope somebody will take your hand, get you out of this riddle,
But that nobody will take the other
And tear you down the middle.

Acassuso, October 1970

WHERE MY HOME IS

My home is in a country
Where police live in terror,
They no longer offer protection
Against another man's error;
Every man is a suspect supporter
Of a terrorist gang,
Machineguns guard precincts
Where the innocent hang.
Students charge torture;
On teachers' protests water cannons are used,
Mounted troops evict slum-dwellers
Whose women are abused.
My family and home are in this country
where justice failed to mend
A broken, twisted state
In which freedom came to an end.

Acassuso, December 1970

THE MAN ON THE SCREEN

You have probably wanted
To be the man on the screen
And envied the camera, the millions
That watched him, serene.
You craved his simple solutions
And forgot that each day
You can live many films
As you walk, work or play.
And for your own comfort
Tell all you're the man
Who has starred in his own life
Better than any other can.

Valeria del Mar, 18 January 1971

COMMUTER'S CONFERENCE

This is a story
I've been meaning to tell,
It's got no glory
And nought in it to sell;
No epic life:
Just me and the wife.

You must know what I mean,
Nothing new to the tale;
A few think it's unclean,
With the mind of a snail,
A case for the young to defile,
For poets and playwrights to revile.

It seems the same each day
Not an up, not a down
No fun in any way,
The same train to town,
Never a moment really to enjoy -
Always toiling for some other toy.

Millions with the same fate
Ignore the chiding, the jokes,
Spend their lives with only one mate,
Always fear a stick in the spokes.
We are so many, with nothing to share,
Feeling sure this is not a nightmare.

Acassuso, 7 April 1971

WHAT DOES GOD SEE?

Have You seen, God, how much cruelty,
How few places of shade
I see in this world:
This planet You made?
Did You notice, Oh, Lord,
How many must grovel
To earn one day's board?
Did You glance at the children,
The women, the men?
Or did You turn the all-seeing eye
To those who have time
To spend watching the Sky,
To them with more than their share;
And ignored any other
Who was not a millionaire?

Acassuso, 18 March 1971

YOUNG LOVE

What young love is about
I'm not asking any more;
It's boys and girls without
A cure for a sore.
It's little black discs
With songs full of sound
And dreams up in the clouds.
I sought it at some time,
But can't remember how
A star's life I tried to mime:
It means nothing now.

Acassuso, 15 may 1971

Tercera parte

Lejos del paraíso

Temor

ACLARACIÓN

"El exiliado", escrito después de un golpe de estado antes de mi propio exilio, sin saber realmente cómo se sentía el alejamiento, fue publicado en la revista *"San Fernando en la Poesía"*, que dirigía Tomás Scusceria Mufatti (Año 1 N° 4 - 1973), como así también *"A la memoria de Gregorio Manoukian"* (Año 3 N° 8 - 1975), éste último comerciante, dueño de un supermercado, cuyos hijos jugaban con los míos y que fue muerto en un intento de secuestro. *"Tierra de abandono"* fue publicado en la revista sindical *"El trabajador de la carne"* (N° 3 1973): *"No corras"* se publicó en la revista de poesía *"Cormorán y Delfín"* (N° 29, diciembre de 1972) que fundó y dirigió el poeta Ariel Canzani D. y de donde fue tomado por *"Primera Línea"* (Año 1 N° 4, mayo 1974), revista del Partido Intransigente (la dedicatoria a Norman Briski es posterior a su forzado exilio, en septiembre de 1974, debido a amenazas contra su vida): *"Para los caídos (conscientes e inocentes)"* fue incluido con seudónimo en la revista *"Ya"* (Año 1 N° 24 - 1973).

"Pequeña payada" estuvo inspirada en la guerrilla que, obligación es reconocerlo, a muchos nos dio una primera impresión, modificada o no al pasar los años, de romanticismo. *"Derechos humanos"* es mi lamento de liberal (id est: partidario de la libertad), por el poco respeto que tienen los derechos humanos en el mundo, principalmente entre los grupos socialmente más seguros y mejor alimentados, de izquierda y de derecha, excepto cuando la necesidad apremia. *"Masacre"* fue provocada por demasiadas fechas en la historia argentina reciente. De esta época intenté llevar una lista de muertos, hasta que cada noche se repetía la pesadilla de ver a un personaje sin rostro que se

sentaba en mi escritorio y agregaba mi nombre a la lista.

"El ciudadano", *"Intención"* y *"23 de septiembre de 1973"* fueron seleccionadas para su publicación en un pequeño concurso de la revista *"El Vidente Ciego"*, de Rosario.

Las dedicatorias individuales en cada poesía son, en su mayoría, personas que alguna vez me ayudaron con crítica, orientación y comentarios, algunos, más importante, fueron o son amigos. Pasaron por mi vida dejando un recuerdo.

(Nota: este texto es de 1975)

HOMBRE MI TEMOR (1)

Hablo de los años:
pasan como albatros, sin dejar rastro,
del hombre, del amor, de la poesía;
del activismo y la militancia
no queda más constancia que la muerte.

Pesa el cansancio de la preocupación;
no hay risa o juego, ni poema a las flores
que tengan más valores que breve escapatoria,
poetas prosaicos y periodistas versificadores,
siempre la misma historia: impera confusión.

Cambian los hombres y no las circunstancias
o las circunstancias y no los hombres
o ninguno de los dos en la anécdota del no cambio.
Poderosos que imponen su orden,
orden de mal hombres. Irresponsable, prefiero el
desorden,
y asusta el de otros.
Al final memoria de hombres borrados,
vista bajo lupa su tristeza
cada uno contiene un pueblo país,
de tristeza y de bronca, de no ser nunca,
de estar siempre lejos del paraíso.

Recuerdos del pueblo como el de mi padre,
lugar triste, de barro y curdas, de mi padre,

de escaso dinero, de castigos con esmero,
recuerdos de navidades que es mejor olvidar.
Sin nombre con que llamar al pueblo,
lugar de lluvia y pocos trenes
de grandes riñas en los andenes,
por cargarle los bultos y palos, que da,
el rico, juega al golf y no para en La Querencia,
por no verlo en pedo al Ramón
Bolichero de poca paciencia, desheredado,
famoso por palizas descargadas sobre la hermana
mujer chiquita, casi enana,
cocinaba en lágrimas y decía "Qué le vas a hacer."

Pueblito pintón en las memorias,
con correrías de niños, envueltos,
caos de niños fabricados por adultos,
pueblo de ferroviarios sin noticias,
donde el sol no brillaba para que no ría la gente.
Recuerdos de hombres de todas partes
iguales a los de todo el mundo,
buscaban ser amados, amor real,
pero hay mayoría que no puede amar.
Lo buscaban en La Querencia
en los brazos de la Puta,
en poetas de afiche y de radiofonía,
en el horror, el rechazo, el reclamo,
volver al mostrador del Ramón
o al coito en un piso del galpón.

Recuerdos de muchas caras miseria mezcla con riqueza
buscando cada cual su cosa,
el pobre casa más digna que su choza,
el rico el brillo de su fortuna.

Recuerdos de no liberados, encerrados, terminados:
unos cayeron en tiroteos, otros fueron presos,
gran número fue declarado reos.
Hay quien no tiene superstición de tanta mala suerte,
sin trabajo, sin pensión, con curdas y con putas.
al pobre sólo aliviaba la muerte:
le hablan de progreso y lo mandan para atrás...
con el cuento de revolución.
Hoy son todos conservadores, nada han de cambiar,
no es cuestión, se ha dicho,
perder el puesto de servidor.
El noble dice al siervo que un abrazo es pecar doble;
un crimen es eso por el que se encierra al preso,
al que pide palabra espiritual dan panfleto político,
el pacifista es paralítico, acusado de cobardía,
denuncia de torturas es atentado terrorista,
ya nadie sabe hasta cuándo resistirse a la acción.

Setenta y dos, setenta y tres,
setenta y cuatro y ahora cinco,
hablo de los años, hombre
que pasan sin pisar rastro
ni promesa de liberación.

EL EXILIADO

Duro camino el del
que se ha marchado
solo. Todo ha dejado.
Y en el cumpleaños de la soledad
recordará
que hasta su hijo quedó sacrificado

al detenerse la lucha por la dignidad.
Duro camino el de quien se va.
Nada hay adelante:
todo queda atrás,
hasta la carne, la sangre y el nombre
en ese cuerpo destrozado.
Duro camino. No murió en vano,
dirán los compañeros de exilio;
pero quién dirá en verdad
si quedará
algo más que el recuerdo
de un gesto, apenas un rostro,
en confusa memoria de algún lejano escolar.
Duro camino el de quien deja
y no sabe cuándo retornará.
Admirado a medias por nuevas relaciones
desconocen la injusticia
que aún existe allá atrás.
A espaldas quedan su mundo,
hogar, amada, amigos, angustia,

un hijo a quien ya no verá.
El recuerdo anuda y revuelve la entraña
que sólo digiere
venganza,
venganza que es alimento
para todo la vida
aun cuando la lucha esté terminada.

IMPACIENCIA
(para Michi e Irene)

Quiero descubrir la Liberación.
Señor ¿Usted, perdió el camino?
Juro, no atino, saber cuándo nos lo dio;
veo corrupción, gente de gran corazón,
muchos más que gritan para poder vivir...
unos pocos contestan:
"Al César lo que es del Pueblo, el poder es don divino."
Juro que aquí se vio, y digo que no atino
decir porque esto no reventó.

PARA DAR LOS REVESES
(para Fernando Mas)

¿Quién derrotará a un sistema
con una guerrilla
que no sale del pueblo,
con hombres reprimidos
por el abuso hecho ley?

¿Quién vencerá a un sistema
que tiene ejércitos con fuerza
para aplastar enemigos,
que condena la violencia
y mata sin mirar?

¿Quién triunfará sobre un sistema
que gana voluntades amenazando,
que acepta una crítica
como graciosa concesión:
válvula de escape que fácil resiste?

¿Quién resistirá a un sistema
que acepta la oposición, digitada,
o destruye, incendia y aterra,
vandálica es su política,
en nombre del orden y libertad?

¿Quién resistirá al sistema
con hombres que rechazan

pensar en las torturas, la injusticia,
la soberbia...
que viven de nostalgias
para seguir haciendo sistema?

¿Quién vencerá al sistema
que exprime lágrimas de millones
cuando caen sus testaferros,
pero no enjuga ni una gota
cuando muere la gente?

¿Quién hará llorar a un sistema
que es dueño de la noticia,
un sistema al que acompaña
la Mafia (la famosa)
usando métodos para hacer sistema?

Noviembre de 1972.

DESEO Y REALIDAD
(para Dardo Cúneo)

Veamos razas fundidas en una especie:
Hombre
sin discriminación admitida o velada;
temo que en este lugar,
aun cuando de un mismo tono,
cuando la sangre debajo no hierva por odio racial,
habrá otro motivo. Los hombres odiarán igual.

3 de septiembre de 1971.

ES UN TRUCO QUE NOS QUIEREN HACER
(para Daniel Moyano)

yo no sé
si usted sabe
que nosotros lo sabremos
porque ellos lo supieron

yo no veo
si usted ve
que nosotros lo veremos
porque ellos ya lo vieron

pero yo no creo
que usted crea
que nosotros lo creemos
porque ellos lo creyeron

DERECHOS HUMANOS
(para Augusto Roa Bastos)

¿dónde existen los derechos humanos?

el derecho como hecho ya no asiste a ningún bicho
sólo hay pobres personajes con orden de
no correr
no cantar
no gritar
no decir ni ay
cuando quedan a oscuras

A LA MEMORIA DE GREGORIO MANOUKIAN
(7 de junio de 1974)

te fuiste, de tres balazos
y ya no verás el mundo
donde crecerán tus hijos
¿qué mundo será?
te lloramos, todos, amigo,
desconocido.
y lloramos por nosotros mismos,
quedamos
en el tiempo del terror:
tiempo de tus hijos

PEQUEÑA PAYADA
(para Ariel Canzani D.)

Esto que voy a contar
tiene la edad de la historia,
del que al rico va a sacar
para dar al pobre alguna gloria.

Criminales son llamados
cada cuando un camión,
con lácteos es llevado
donde truena el hambre sin ración.

A las "villas miseria"
llevan cada tanda,
suerte de materia
con que la guerrilla se agranda.

Pero va preso el más pobre
por aceptar un litro de leche,
ése que no tiene un cobre
ni lugar de donde no se lo eche.

Entonces surge la leyenda
del que roba para regalar
y aunque la justicia ande con venda
al benefactor lo van a apreciar.

La autoridad roba con legislación,

el patrón lo hace con ciencia,
en medio queda la frustración
que ya no salva la inocencia.

Y después no ven justificado
que al ruedo entre un tercero,
lo quieren ver fusilado
por criminal, ladrón y guerrillero.

Noviembre de 1972.

NO CORRAS
(para Norman Briski)

No corras en la calle, chico:
despacio debes caminar.
Todos temen ahora
al hombre con prisa:
quien pasa junto al uniformado
puede ser sospechado.
Niño, no corras en la calle,
todos ahora tienen miedo.
En el gatillo está el dedo.

MASACRE

no habrá canto ni himno guerrero ante tan triste victoria:

fueron muertos, con mentiras los cubrieron,
caras de muerto asesinado que rápido escondieron;
tapados con decretos, a los deudos y al testimonio
¿quién los recordará?
si la prensa enfermó
¿en qué altar casero quedarán las caras?
¿quién condena la matanza que quieren olvidar?
¿quién muestra el método que no quieren recordar?
en país de funebreros

CÁRCEL
(para Pepe Lamarca
y Paco Urondo)

Rejas, muros, portones, encierran hombres
ideas y aspiraciones
disidentes
son blanco del castigo hecho institución:
quiero ver sol y cielo abierto,
y ahora libre, no me conmueven destinos,
sólo la suerte del solitario.

28 agosto 1971

EL TORTURADOR

¿Qué sueña? ¿Cómo duerme? ¿Con quién?
¿A quién ama?
¿Con quién comparte su vida?
ése a quien causa emoción ver hombres en horrible
contorsión
¿será delincuente o policía?
a ese monstruo dedico esta poesía

PARA LOS CAÍDOS
(conscientes e inocentes)

son muertos a oscuras
mueren sin saber
fueron blanco
en práctica de tiro
en nombre del orden
y la paz de campo santo
muchos han oído
el grito frío de autoridad
no estarán más
en las ruedas de amigos
ya no tendrán risa
se les hará una Misa
para que ni Dios se mueva
y todo quede igual

27 de octubre de 1971.

RABIA

con su indiferencia y sus balas
lo mataron
tenía trabajo y amor

hombre que amaba y quería
lo mataron
como a tantos otros
lo mataron
engrosó listas olvidadas
para hombres de poca memoria
lo mataron
con un escueto anuncio
lo mataron
sin saber de su amor
sin creer sus pasiones
lo mataron
creyendo sólo sus mentiras
lo mataron
sin pensar en sus sueños
hicieron pesadillas;
lo mataron

diciembre de 1974.

PARA MI NIÑO LUIS

ratachín rataplán
los soldados ya se van
a pelear en una guerra
montados en la perra

son soldados tan tan pobres
que no tienen ni dos cobres
no les pagan por guerrear
y los mandan a pelear

cuando se está tan mal armado
es mejor no estar peleado
y no volver con sables rotos
que no cortan ni porotos

es mejor no ir al combate
y quedarse en casa a tomar mate

AVISO
(para Adelmo Piazza)

Oiga, señor,
esta noche se apagan
todas las luces:
así lo dijo Cristo
al pasar por Chacarita;
creo que vino a saludar.

Escuchen, señores,
esta noche es la última guardia;
después pasará la patrulla,
para desfilar.

Los niños duermen
en la pieza del fondo,
mejor que estén apartados;
ya no van a despertar.

Sucedió cuando Dios
encaramado a un árbol, preguntó:
¿Qué es eso? La Tierra, le contestaron...
Es prescindible, dijo Él.
Cristo vino a saludar.

Julio de 1970.

SU PUEBLO OLVIDADO
(para Héctor Tizón)

Indios, qué Indios, aquí olvidados
así declamamos
sin racismos
ni clasismos
y ninguna discriminación
somos, en realidad, una grande nación...
cuando la consciencia despierta
una caridad la devuelve al sopor

3 de septiembre de 1971

TIERRA DE ABANDONO
(para Antonio Di Benedetto)

Coyas, tierra y viento Norte: otro ser, otro pueblo,
otra raza, sin vida, monedas trabajo ni comida.
Pueblos vacíos, abandonados su gente se fue:
hasta el cura.
Ya no hay más que ruta de viajero,
cliente de amuletos.
Todo arrasado por Vientos, Hombres y Progreso,
programas de economía
y presupuestos de burócratas.

HOMBRE MI TEMOR (II)
(para Tomás Eloy Martínez)

Temo a las armas, temo la guerra y temo morir.
Grito, grito fuerte:
en mí no penetra el ansia de sangre,
no es forma de cambio si otra puedo hallar.
Temo al hombre y temo por él
quien arma usa, guerra hace, ya sin mirar;
mi pasión no es el grupo,
sí es el individuo
de esta especie que se busca eliminar.
Hombre;
animal tan frágil, tan bruto, tan irracional.
de costumbres tan viles
estando en grupo exaltado,
tan simple cuando solo, asolado,
con violencia se hace acorralar.

EL CIUDADANO
(para Carlos Enrique Urquía)

dice "buen día" a la mañana
lo dice de mala gana
la misma de toda jornada
cuando vive lo leído

al caer la noche
no tendrá valor de interrogar
a esa vida precaria
sólo espera que lo citen

28 de agosto de 1971

NO AUTENTICAR LO INAUTÉNTICO
(para Gerardo Pisarello)

se han generado auténticas obsesiones ante todo lo
falseado:
sonrisa seca palabra pueril y mentira hacen
extrañas concesiones
yo miento tu mientes donde todos quieren creer que
la alquimia de hecho
ha transformado en recto lo que jamás será derecho
sin hacer esfuerzo alguno
en raptos de sinceridad
dirán todo cambiará
sin dar nada al cambio
y nadie responde: aquí falta la verdad

27 de agosto de 1971.

Cuarta parte

Amor

ACLARACIÓN

Al final, llega el amor. En este caso un amor a veces dudoso, en muchos casos áspero (nunca frío), un amor necesario.

De los poemas aquí incluidos sólo han sido publicados "*El pueblito*" (*San Fernando en la Poesía*, Año 2, N° 5, 1974), y "*Homenaje a Picasso*" (texto a un dibujo erótico de Picasso, expuesto en la Galería Meridiana el 18/4/75).

Sigo en la duda si llamar a este conjunto "poesía", sigo dudando, honestamente, si debí intentar la poesía. Tengo en la memoria, y en una carpeta de recortes, una feroz advertencia del señor E. L. Revol, publicada en *La Nación*, del 22 de junio de 1975, en una nota sobre el libro "*Quien habla no está muerto*" de Alberto Girri:

> "Tendrá que convenir, también, el lector, en que no se escribe poesía como se leen las noticias del diario... Únicamente quien se avenga a las brusquedades del escorzo que hacen, primero, casi irreconocibles los objetos, permitirá ver luego mejor cada objeto, y cada acción. Y si el poeta es incapaz de adoptar esta eficaz modificación de perspectiva se limitará por lo común a recaer en las necedades informativas, generadoras de masas."

Lo cito con respeto, pero arriesgo la opinión que la poesía es para compartir sentimientos, para canalizar la percepción mediante la palabra justa, más allá de consideraciones netamente estilísticas. Refleja épocas y sentimientos más que cualquier ensayo: puede contener demagogia, pureza, oficio, estilo y erudición, individualmente o como conjunto. Mientras el autor ponga cuidado, sincero, no tema el académico, ningún valor será menospreciado. Es difícil predecir, en el momento de creación, si las piezas alguna vez llegarán a las "masas" o si el público lector considerará que hubo cuidado especial de hacerlos así. Cada pieza comienza siendo escrita, a diferencia de otros géneros y más allá del acto personal de creación, para un grupo reducido... Lo aquí incluido comenzó siendo para una persona o a lo sumo tres o cuatro. Comenzó siendo para mis amigos y para quienes amo, para mis amados amigos, independientemente de las opiniones de terceros y de la acción o pasión que ellos pudieron sostener. Ellos los aprobaron, por error o no, y ahora me someto a la opinión más amplia.

(Nota: este texto es de 1975)

DIÁLOGO DEL AMANTE Y SU AMADA EN LA MADRUGADA DEL LUNES

¿Qué sucedió con el llanto?
Se fue con la tristeza:
ahora nos verían contentos
llenos de risa espesa,
una casi carraspeante carcajada
sonido de sueño atrasado,
mal hábito de madrugada y mucho amor.
Ya no abrazas tan fuerte
la fuerza es para el día
noche/amor como la muerte
de una vida cada noche
o una hora antes de amanecer.
Vemos pan vemos vino
desperdicios diurnos pasados a nocturnos
lloramos algo que ha pasado
siempre nada en vida
todo está prestado/achicado/rodeado.
Reímos de alegría,
temblamos, digamos que vestirnos
mejor sería tocamos
piel tetilla dedos abdomen
formas y recuerdos del día
olvidados al amar.
Sin contacto interno
se recuerdan las cuestiones,
lecturas, perfiles son mirados,

observados dientes cariados.
Del día quedan costumbres
cada cual abre un expediente.
Digamos que aún te amo,
aún lo crees así:
pero aclaremos, quedó un lunar registrado
en el apuro no visto:
dos veces has pasado
(y vaya si lo habrás comentado)
el índice por mi barriga
donde bien vendría la dieta...
Te abrazaré sin fuerzas
Termina de lavarte
vamos a dormir
¿Dónde quieres que prospere el amor
entre deuda e hipoteca?
Cuidado; la riqueza buscada
hacen sueño la ceca
para autos, enseres y otras metas,
materiales, por supuesto:
piden horas extras por seguridad
de algún patrón, seguramente,
y de larga y aburrida unión
que llamamos matrimonio:
ahí prospera la avaricia, no el amor.

Yo amo, tú amas, el ama,
parados o en la cama:
fácil hacerlo no es,
tampoco aseguro que sea amor.
No sigo, te confío
porque en esto hay cosa dura:
me refiero a la amargura.

SALUDOS A LOS AMIGOS
(para Miguel Dolan)

Estarán bien de trabajo y salud
amasando dinero con prontitud.
Estarán bien sus mujeres, flacas
emaciadas por la dieta
con niños ventilados
en plazoleta, atrapada
por humo, donde tosen
los gorriones de la ciudad.
Saludo a los ejecutivos
llenos de maldad en sus labores
bien conocen dolores,
el amor necesario.
Estarán bien sus mujeres, preñadas
de tristeza por trapos y tortas
mal horneadas, por autos veloces
y vidas de tan poco brillo.
Estarán bien todos ustedes,
saludo a cada uno
aguardo el día cuando sabremos amar.

Junio de 1974

EDUCACIÓN

mi hijo ya conoce la muerte
cómo caen bajo balas los hombres
bajo camiones los gatos
sus padres hablan la muerte cada día
es natural
que lo sepa
también morirá
como un yuyo
sus padres enseñan a mentir
que no tienen honestidad de amigos
que no hay intimidad
que a veces no aman
que sus padres no tienen el tino la suerte
el afán de moneda fuerte
pido disculpas a mi niño
por conocer tan temprano la muerte
que vale tan poco el peso fuerte

Diciembre de 1974

LA MUJER
(para Cristina Guzmán)

Así es la mujer...
realza su belleza, su capacidad, su fortaleza
de compañera y de servicio...
Igualdad no tuvo nunca
como judío o intelectual.
¿Crees tú que todos ellos están igual?
se premia la estupidez
cubierta de cosmética
di tú con entereza:
con el pobre comparte desventura
el rico la cubre con pintura...
para verla de lejos.
¿Ni siquiera es un espejo?
Es falso regalarle un año,
se la atrasa de antaño,
con etiquetas de moda:
año del hombre, del ambiente, del libro...
Necesito ver otra era
no un año, toda una vida,
para decirle, simplemente, compañera.

1975

DESARRAIGO CIUDADANO
(para Roberto Vacca, socio soñador)

no tengo raíces
ni arraigo
en la gran ciudad
nací aquí
y no conozco
no sé si quiero conocer
vamos compañero
al interior
donde estaba la vida
donde vivía mejor

21 de septiembre de 1971

PARA MICAELA ARQUITECTA TRISTE POR SU CASA

cuando veo a mi amor caído
le canto
aunque no sea cantor
para levantar a mi amor caído
bajo pésimas presiones
pesimismos y pésames
truenos y tormentas
y trueques mediocres
aplastan a mi amor caído
con precios y palabras todas pestes
pero nada nadie ni ninguno
debe aplastar a mi amor
con necedades de cada día
que busca el hombre
para pelear como punto
de referencia
de equivocada existencia
no hay tristeza que no se vuele
volada botada vil
con decirle a mi amor
que ya no está caído.

Julio de 1974

ANTES DE MICAELA

Recuerdo al Uruguay
en la adolescencia,
como a una melodía de moda.
Fue antes de Micaela, de la boda,
tiempo al que dicen "joda"
personal...
Antes de Micaela
estuvieron Ivon y Elena,
Sara y Eva y pocas más
para mandar la parte
en rueda de muchachos,
fugazmente.
Los recuerdos son del Uruguay
lugar que ya sólo rima con ¡¡Ay!!
triste lugar donde no he vuelto,
triste como vidriera vacía
copada por las moscas.

Septiembre de 1974.

PEQUEÑAS PALABRAS

amor es tan poca palabra
para decir cuánto amo;
aun tan grande mi amor
cambia tan poco al mundo,
triste saber que paso
esta tierra sin dejar rastro;
todo tal cual lo hallé al entrar.

Enero de 1973

(para Frank y Marsha Taylor)

Por cada hombre que odio
hay una mujer que lo ama,
cada mujer que abuso
tendrá un hombre que la quiera,
habrá hijos, padres, tías...
pregunto
¿por qué hay tanto odio y abuso?

Octubre de 1974

(para Hugo Caamaño)

Yo quisiera escribir
a las nubes y las flores
que son vida
de veras
estoy obstinado
concentrado
obsesionado
constipado
enfermizo
con esto de la muerte
de hombres y mujeres
que a nadie le importa

Noviembre 1974

EL PUEBLITO
(para Piri Lugones)

Es de madrugada y aún no pasa nada.
Todos duermen en el pueblo,
pero el sol no se hace esperar.
Despierta la García cara de poca alegría,
en ayunas sale tras el rumor.

Es una mañana con sonrisa con sol y suave brisa:
vé, que en este pueblo todo puede ser canción;
pero, por las calles tan estrechas,
van mujeres al mercado,
la mente fija en lo malvado.

En el puesto carnicero, Marianito, enamorado,
atiende con palabra prudente.
Llegan todas con la doña García (no dan siquiera un
"buen día")
quieren la noticia y preguntan con maldad
en qué andan la Niña y Mariano.

Sombra tuvo la noche anterior
si hasta sus mimos los contaron.
Luego lo abandonaron, infladas de novedades,
no importa si son verdades:
ya desesperaba de tener vida privada
en el submundo del querer.

Pasearon toda la siesta
sin pensar responder
a las viejas de capa negra
y mentes color infierno:
calaña ésta que buscaría lo inmoral en la Sagrada
Familia.

Pero La Niña también está enojada
por haber sido informada
que su amado usaba hasta el abuso
de la libertina María, ramera del pueblo,
querida del Intendente,
que ahora esto él lo calla: quiere ser Presidente.

Toma partido todo el paraje
en cosa que no le incumbe.
ninguno queda independiente,
todos han tomado posición.
Los de afuera y los de adentro
lo creen un deber: nadie queda en el centro.

La Niña desesperada
de su amado es separada,
por malas lenguas y controversia,
sola queda con su condición esperando
que algún viento sople nuevo corazón.

ISRAEL

Ya, Israel,
¿Cuál es tu verdad y tu mentira?
¿A quién persigues y quién te acosa?
Quien te construyó
en todo el mundo te abandona.
Estás sola, heroína,
ante nada y ante todo;
armada total indefensa eres,
panorama de potencia o dependencia.
Admiro tu pueblo:
pero debo querer a tu gente
como amar a un árabe.

Diciembre de 1972.

HOMENAJE A PICASSO

¿Y crees, maestro, que la gente te entiende?
¿Verán tu obra hermosa estrafalaria genial
más allá de curvas y cuadros y caras caretas?
Cuando estás erótico, exuberante, penegráfico
¡Cómo no apreciarte!
penetrando gamuzadas vaginas de voluptuosas
vírgenes
antaño desfloradas; mucho las haces merecer.
Sonreímos alegría pudorosa, indiscretos espías de
intimidad.
Inspectores, corrompibles de carrera;
el pecado público es placer privado.
Reímos, probando en la idea la dulzura felicidad del
felacio
previo al coito, lento, desesperado, apasionado,
intelectual.
Todo el placer lo tienes, todo lo das
¿Crees, maestro, que la gente te celebra...?
Gran maestro: muestras lo imposible de explicar.

CRISIS
(para Lidia Meyer)

¿Cuánto viviré contradicciones cambiantes
convicciones?
Maldiciendo hombres que antes biendije
tratando de borrrar difamación que mal dije
¿Tendré tiempo de salvar tantos errores?
Para decir a hombres que a mujeres yo amo
que a los hombres quiero
creyendo a todos honestos inmorales,
por faltar a la verdad, honestamente,
por variar de parecer, realmente,
por repetir historias de horrores,
por no cambiar jamás: sufriendo
sacrificios por causas risibles, olvidados,
viendo desertar con la desesperanza de dineros,
que dejan impotentes a los sentimientos:
haciéndonos a todos "veletas" para los tiempos y las gentes.

23 DE SEPTIEMBRE DE 1973

muere poeta muere
que todo el mundo te hiere
de nada sirve el poema
si no lo acompaña la acción.

Impreso por Alfavet Ediciones
Pte. Roque Sáenz Peña 2362
(1636) Olivos - Pcia. de Buenos Aires
Teléfono - Fax: 797-1565
Diciembre de 1998